Impressum
Verlag: BABADADA GmbH, Nedderfeld 112 , 22529 Hamburg
Geschäftsführer / Verlagsleitung: Harald Hof
Druck: Books on Demand GmbH, In de Tarpen 42, 22848 Norderstedt

Imprint
Publisher: BABADADA GmbH, Nedderfeld 112 , 22529 Hamburg, Germany
Managing Director / Publishing direction: Harald Hof
Print: Books on Demand GmbH, In de Tarpen 42, 22848 Norderstedt, Germany

skola

escuela

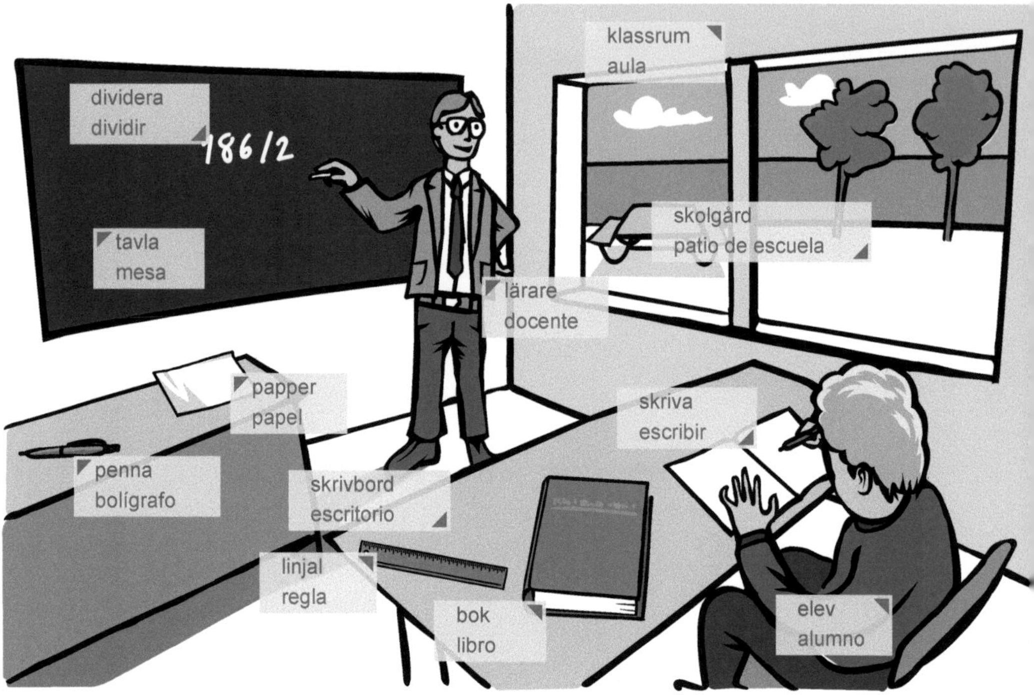

klassrum
aula
dividera
dividir
186/2
tavla
mesa
skolgård
patio de escuela
lärare
docente
papper
papel
skriva
escribir
penna
bolígrafo
skrivbord
escritorio
linjal
regla
bok
libro
elev
alumno

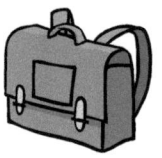

skolväska

mochila escolar

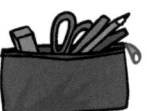

pennfodral

caja de lápices

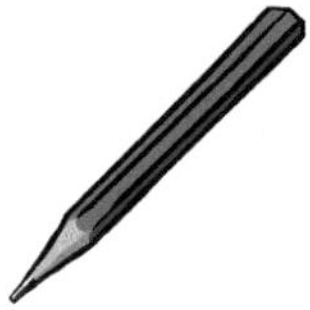

blyertspenna

lápiz

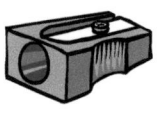

pennvässare

sacapuntas

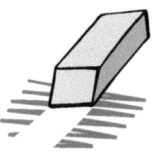

suddgummi

goma de borrar

ritblock

bloc de dibujo

teckning
dibujo

pensel
pincel

målarlåda
caja de pinturas

sax
tijera

lim
pegamento

övningsbok
libro de ejercicios

hemläxa
tarea

12

tal
número

2+2

addera
sumar

5-2

subtrahera
restar

2×2

multiplicera
multiplicar

räkna
calcular

A

bokstav
letra

ABCDEFG
HIJKLMN
OPQRSTU
VWXYZ

alfabet
alfabeto

ord
palabra

text
texto

läsa
leer

krita
tiza

lektion
lección

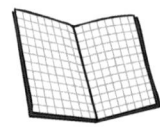

register
libro de clase

prov
examen

intyg
certificado

skoluniform
uniforme escolar

utbildning
educación

uppslagsverk
enciclopedia

universitet
universidad

mikroskop
microscopio

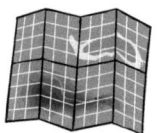

karta
mapa

papperskorg
cesto de papeles

skola - escuela

resa
viaje

hotell
hotel
Grand
vandrarhem
albergue
ROOMS
växelkontor
casa de cambio
EXCHANGE
resväska
maleta
bil
auto

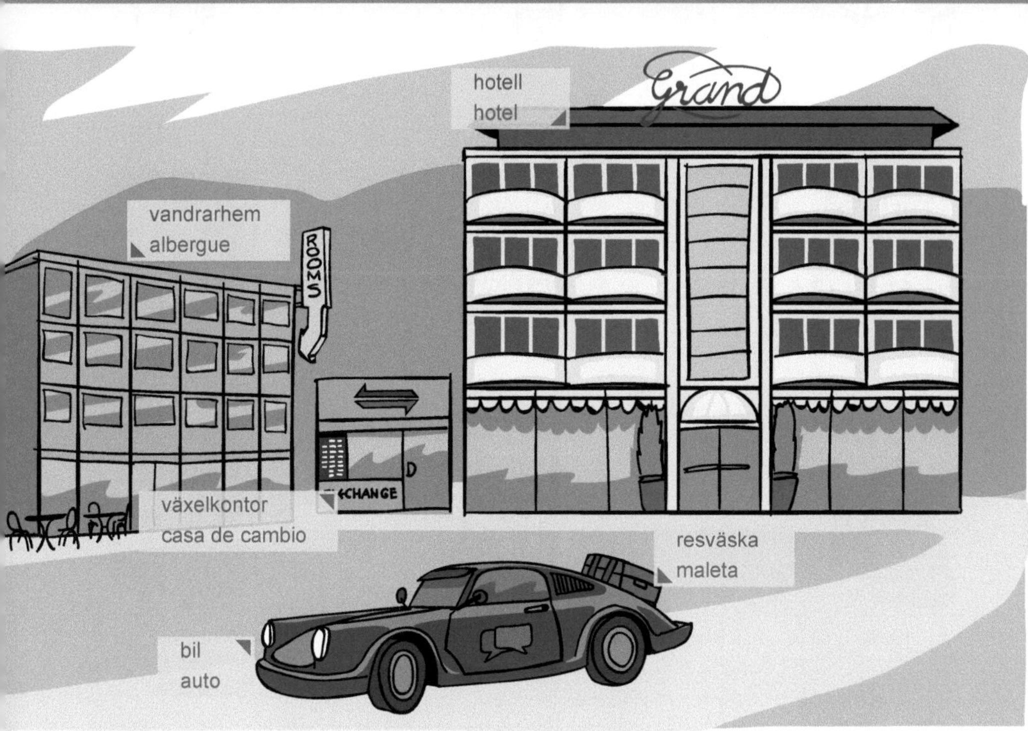

språk

idioma

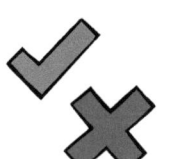

ja / nej

sí / no

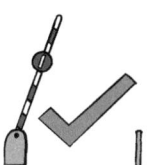

Okay

ok

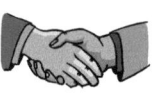

hej

hola

översättare

intérprete

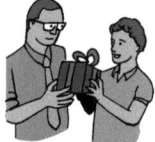

Tack

gracias

hur mycket kostar...?

¿Cuánto cuesta...?

jag förstår inte

No entiendo

problem

problema

God kväll!

¡Buenas tardes!

God morgon!

¡Buenos días!

God natt!

¡Buenas noches!

hejdå

adiós

riktning

dirección

bagage

equipaje

väska

bolso

ryggsäck

mochila

gäst

invitado

rum

cuarto

sovsäck

saco de dormir

tält

tienda de campaña

turistinformation

información al turista

strand

playa

kreditkort

tarjeta de crédito

frukost

desayuno

lunch

almuerzo

middag

cena

biljett

pasaje

hiss

ascensor

frimärke

sello

gräns

límite

tull

aduana

ambassad

embajada

visum

visa

pass

pasaporte

transport

transporte

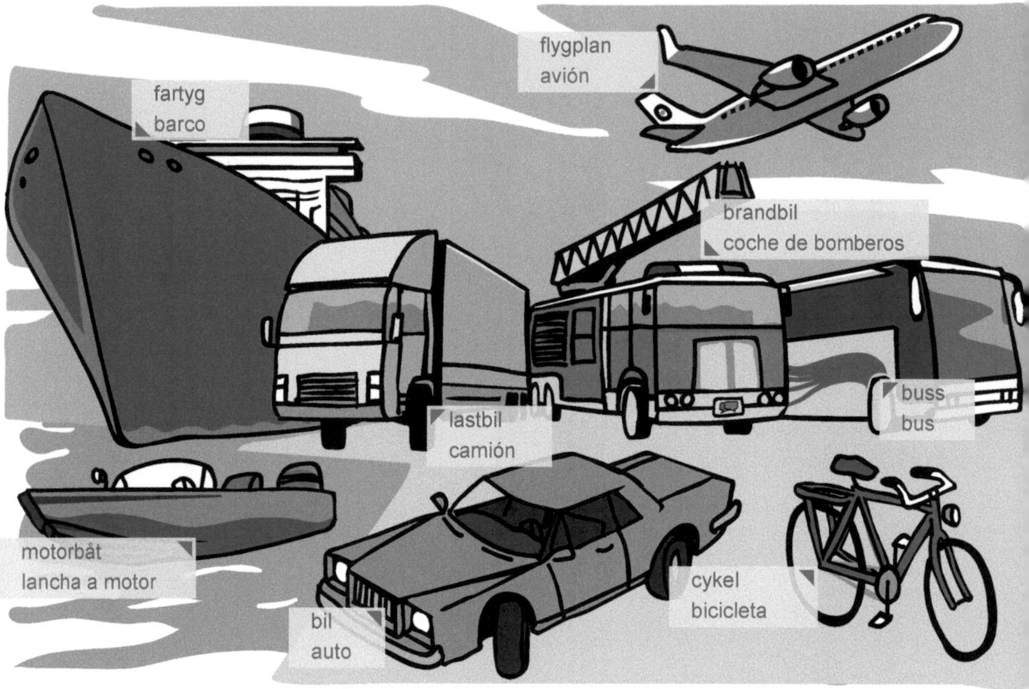
flygplan
avión
fartyg
barco
brandbil
coche de bomberos
lastbil
camión
buss
bus
motorbåt
lancha a motor
cykel
bicicleta
bil
auto

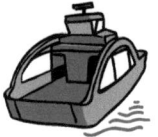

färja

balsa

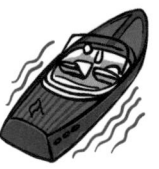

båt

lancha

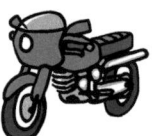

motorcykel

motocicleta

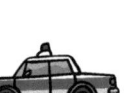

polisbil

auto de policía

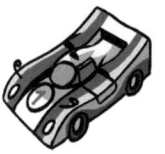

racerbil

auto de carreras

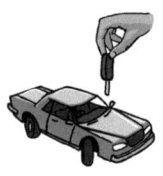

hyrbil

auto de alquiler

bilpool

alquiler de autos

bärgningsbil

grúa

sopbil

vehículo recolector de basura

motor

motor

bränsle

gasolina

bensinstation

gasolinera

vägmärke

señal de tráfico

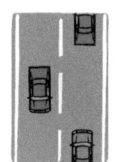

trafik

tránsito

bilkö

atasco

parkeringsplats

estacionamiento

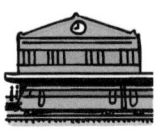

tågstation

estación de tren

räls

carril

tåg

tren

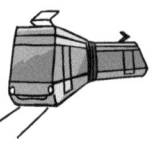

spårvagn

tranvía

vagn

vagón

helikopter

helicóptero

flygplats

aeropuerto

torn

torre

passagerare

pasajero

container

contenedor

kartong

caja de cartón

vagn

carro

korg

cesta

starta / landa

despegar / aterrizar

stad

ciudad

by

aldea

centrum

centro de la ciudad

hus

casa

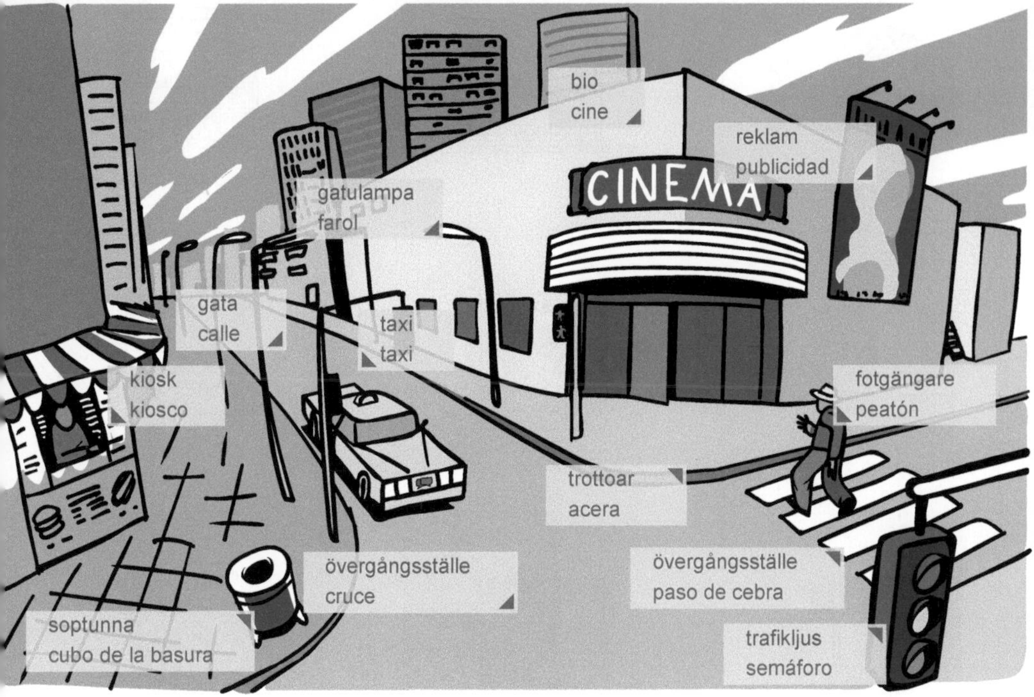

bio
cine

reklam
publicidad

gatulampa
farol

CINEMA

gata
calle

taxi
taxi

kiosk
kiosco

fotgängare
peatón

trottoar
acera

övergångsställe
cruce

övergångsställe
paso de cebra

soptunna
cubo de la basura

trafikljus
semáforo

stuga
cabaña

lägenhet
apartamento

tågstation
estación de tren

stadshus
ayuntamiento

museum
museo

skola
escuela

stad - ciudad

universitet

universidad

bank

banco

sjukhus

hospital

hotell

hotel

apotek

farmacia

kontor

oficina

bokhandel

librería

affär

negocio

blomsterbutik

florería

stormarknad

supermercado

marknad

mercado

varuhus

grandes almacenes

fiskhandlare

pescadería

köpcentrum

centro comercial

hamn

puerto

park
parque

bänk
banco

brygga
puente

trappa
escalera

tunnelbana
metro

tunnel
túnel

busshållplats
parada de autobuses

bar
bar

restaurang
restaurante

brevlåda
buzón de correo

gatuskylt
letrero

parkeringsautomat
parquímetro

zoo
zoológico

simbassäng
piscina

moské
mezquita

bondgård
granja

förorening
polución

kyrkogård
cementerio

kyrka
iglesia

lekplats
parque infantil

tempel
templo

landskap
paisaje

löv
hoja

vägskylt
indicador de camino

väg
sendero

äng
pradera

sten
piedra

träd
árbol

liftare
caminante

flod
río

gräs
pasto

blomma
flor

dal
....
valle

kulle
....
montaña

sjö
....
lago

skog
....
bosque

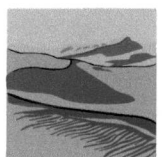

öken
....
desierto

vulkan
....
volcán

slott
....
castillo

regnbåge
....
arco iris

svamp
....
seta

palm
....
palmera

mygga
....
mosquito

fluga
....
mosca

myra
....
hormiga

bi
....
abeja

spindel
....
araña

skalbagge

escarabajo

groda

rana

ekorre

ardilla

igelkott

erizo

hare

liebre

uggla

lechuza

fågel

pájaro

svan

cisne

vildsvin

jabalí

rådjur

ciervo

älg

alce

damm

embalse

vindkraftverk

aerogenerador

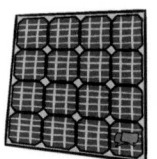

solcellspanel

módulo solar

klimat

clima

restaurang
restaurante

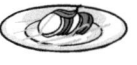

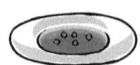

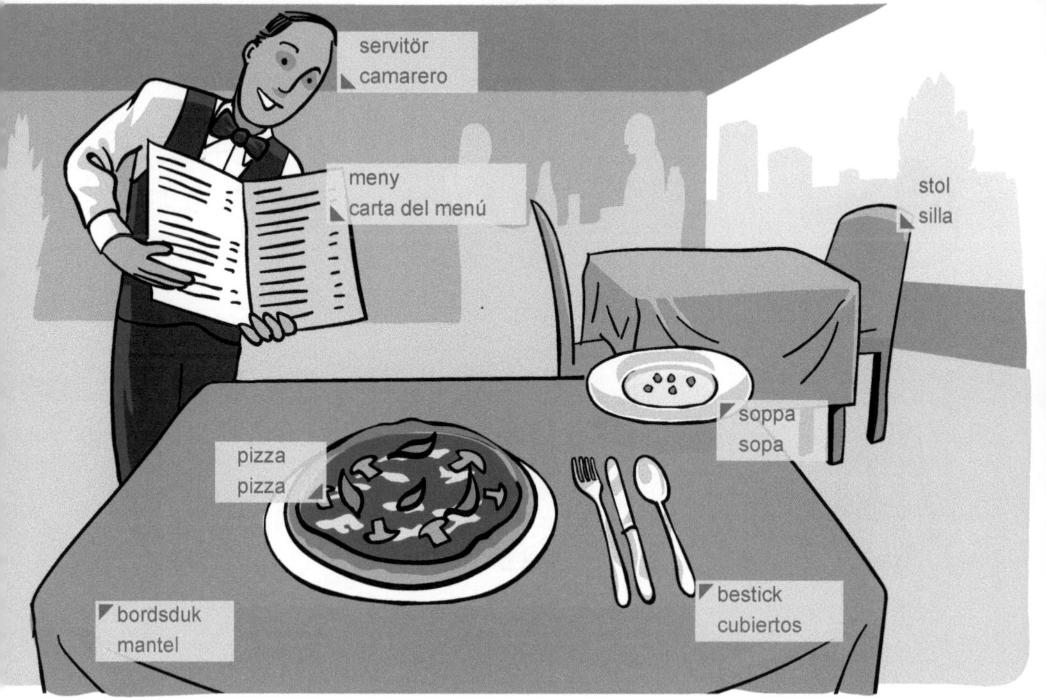
servitör
camarero
meny
carta del menú
stol
silla
soppa
sopa
pizza
pizza
bestick
cubiertos
bordsduk
mantel

förrätt

entrada

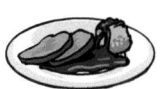

huvudrätt

plato principal

dessert

postre

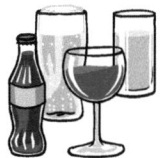

drycker

bebida

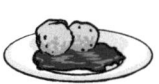

mat

comida

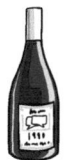

flaska

botella

snabbmat

comida rápida

street food

comida callejera

tekanna

tetera

sockerskål

azucarera

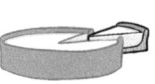

portion

porción

espressomaskin

máquina de espresso

barnstol

silla alta

räkning

factura

bricka

bandeja

kniv

cuchillo

gaffel

tenedor

sked

cuchara

tesked

cuchara de té

servett

servilleta

glas

vaso

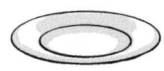

tallrik

plato

sopptallrik

plato de sopa

tefat

platillo

sås

salsa

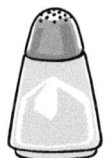

saltkar

salero

pepparkvarn

molinillo para pimienta

vinäger

vinagre

olja

aceite

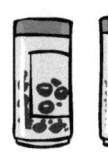

kryddor

especias

ketchup

ketchup

senap

mostaza

majonnäs

mayonesa

stormarknad

supermercado

specialerbjudande
oferta
FOR
kund
cliente
mejeriprodukter
productos lácteos
frukt
fruta
varukorg
carrito de compras

BUTCHERS

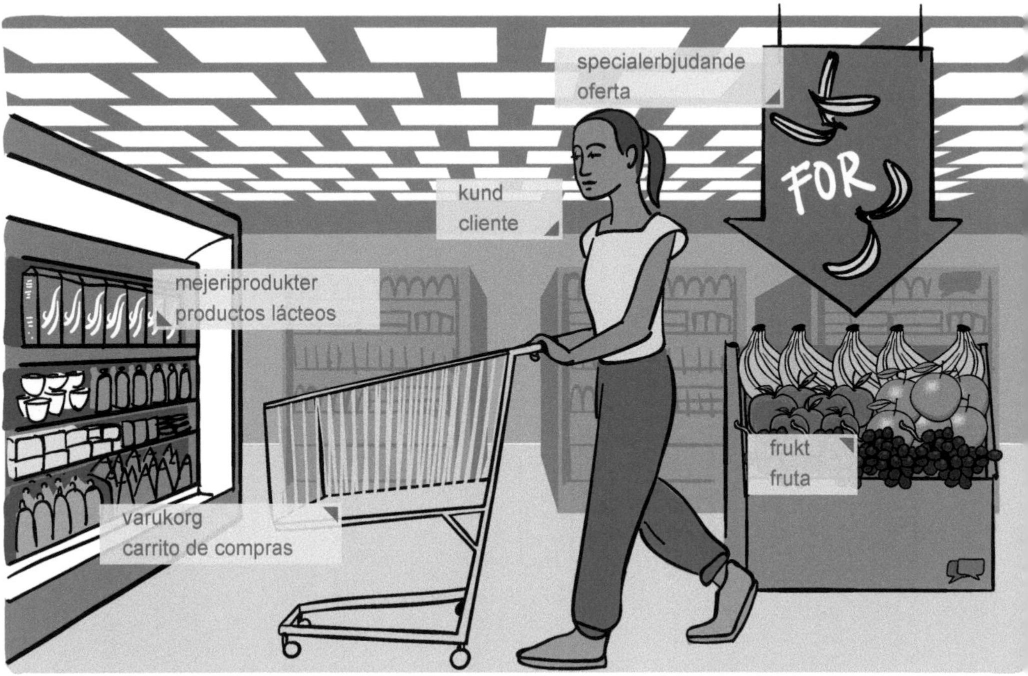

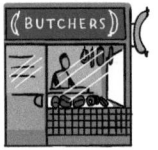

charkuteri

carnicería

BAKERY

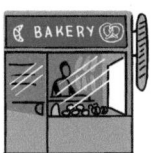

bageri

panadería

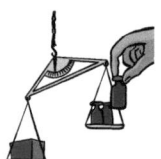

väga

pesar

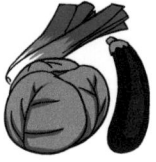

grönsaker

verdura

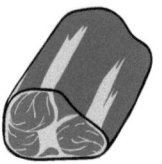

kött

carne

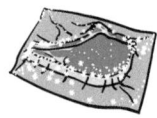

frysta livsmedel

alimentos congelados

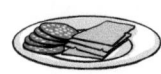

pålägg

fiambre

konserver

conservas

tvättmedel

detergente en polvo

godis

dulces

hushållsprodukter

artículos domésticos

rengöringsmedel

productos de limpieza

försäljare

vendedora

kassa

caja

kassör

cajero

inköpslista

lista de compras

öppettider

horario de atención

plånbok

cartera

kreditkort

tarjeta de crédito

väska

maleta

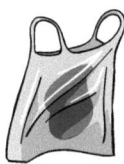

plastpåse

bolsa plástica

vatten

agua

juice

jugo

mjölk

leche

cola

refresco de cola

vin

vino

öl

cerveza

alkohol

alcohol

kakao

cacao

te

té

kaffe

café

espresso

espresso

cappuccino

cappuccino

banan

banana

äpple

manzana

apelsin

naranja

melon

sandía

citron

limón

morot

zanahoria

vitlök

ajo

bambu

bambú

lök

cebolla

svamp

seta

nötter

nueces

nudlar

fideos

spaghetti

espagueti

ris

arroz

sallad

ensalada

pommes frites

patatas fritas

stekt potatis

patatas salteadas

pizza

pizza

hamburgare

hamburguesa

smörgås

sándwich

schnitzel

escalope

skinka

jamón

salami

salame

korv

embutido

kyckling

pollo

stek

asado

fisk

pescado

mat - comida

havregryn

copos de avena

müsli

musli

cornflakes

copos de maíz tostado

mjöl

harina

croissant

croissant

fralla

panecillo

bröd

pan

rostat bröd

tostada

kex

galletas

smör

mantequilla

kvarg

cuajada

kaka

pastel

ägg

huevo

stekt ägg

huevo frito

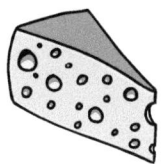

ost

queso

glass

helado

socker

azúcar

honung

miel

sylt

mermelada

nougatkräm

praliné

curry

curry

bondgård
granja

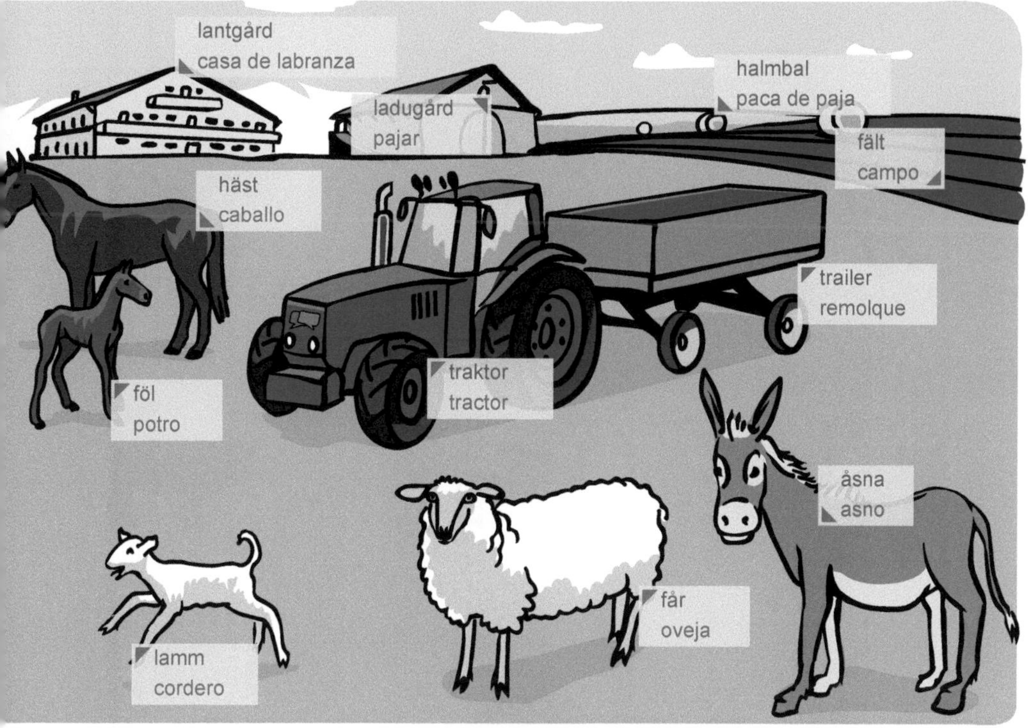
lantgård
casa de labranza
ladugård
pajar
halmbal
paca de paja
fält
campo
häst
caballo
trailer
remolque
traktor
tractor
föl
potro
åsna
asno
får
oveja
lamm
cordero

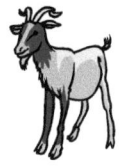

get

cabra

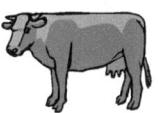

ko

vaca

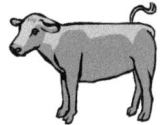

kalv

ternero

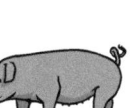

gris

cerdo

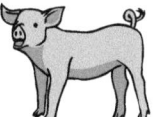

griskulting

lechón

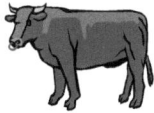

tjur

toro

gås

ganso

anka

pato

kyckling

polluelo

höna

pollo

tupp

gallo

råtta

rata

katt

gato

mus

ratón

oxe

buey

hund

perro

hundkoja

caseta del perro

trädgårdsslang

manguera de riego

vattenkanna

regadera

lie

guadaña

plog

arado

skära
hoz

hacka
azada

högaffel
bieldo

yxa
hacha

skottkärra
carretilla

tråg
abrevadero

mjölkflaska
lechera

säck
saco

staket
cerca

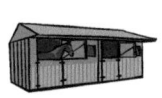

stall
establo

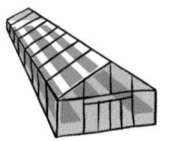

växthus
invernadero

jord
suelo

säd
semilla

gödsel
fertilizante

skördetröska
cosechadora

skörda

cosechar

skörd

cosecha

jams

raíz de ñame

vete

trigo

soja

soja

potatis

patata

majs

maíz

raps

colza

fruktträd

Árbol frutal

maniok

mandioca

spannmål

cereales

hus

casa

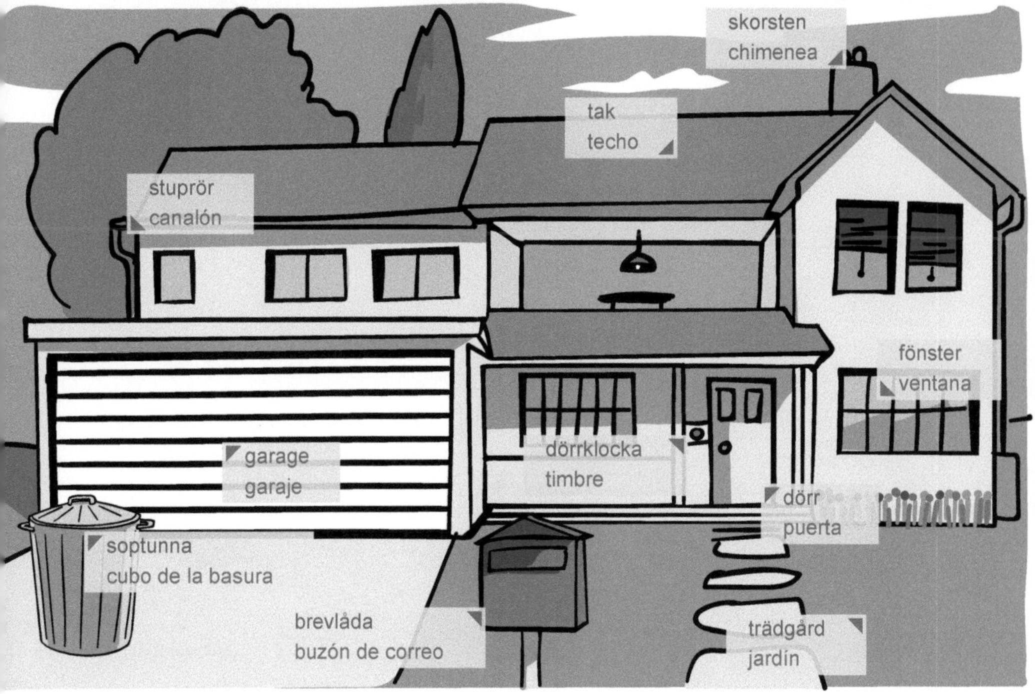

skorsten
chimenea
tak
techo
stuprör
canalón
fönster
ventana
garage
garaje
dörrklocka
timbre
dörr
puerta
soptunna
cubo de la basura
brevlåda
buzón de correo
trädgård
jardín

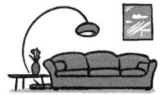

vardagsrum

cuarto de estar

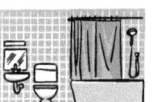

badrum

cuarto de baño

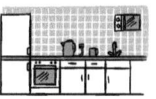

kök

cocina

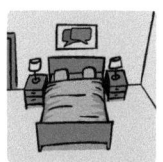

sovrum

dormitorio

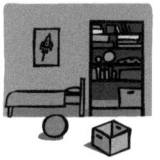

barnrum

cuarto de los niños

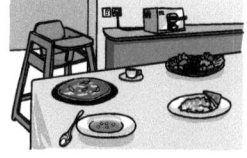

matsal

comedor

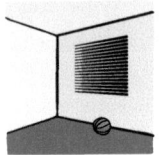	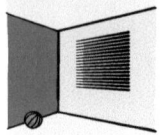	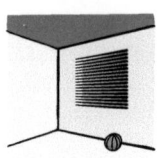
golv	vägg	tak
piso	pared	cielorraso

källare	bastu	balkong
sótano	sauna	balcón
	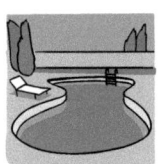	
terrass	bassäng	gräsklippare
terraza	piscina	cortacésped
		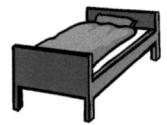
lakan	överkast	säng
funda nórdica	edredón	cama

kvast	hink	strömbrytare
escoba	cubo	interruptor

vardagsrum
cuarto de estar

tapet
papel para empapelar
bild
imagen
lampa
lámpara
hylla
estante
skåp
gabinete
TV
televisor
eldstad
hogar
blomma
flor
kudde
cojín
soffa
sofá
vas
florero
fjärrkontroll
control remoto

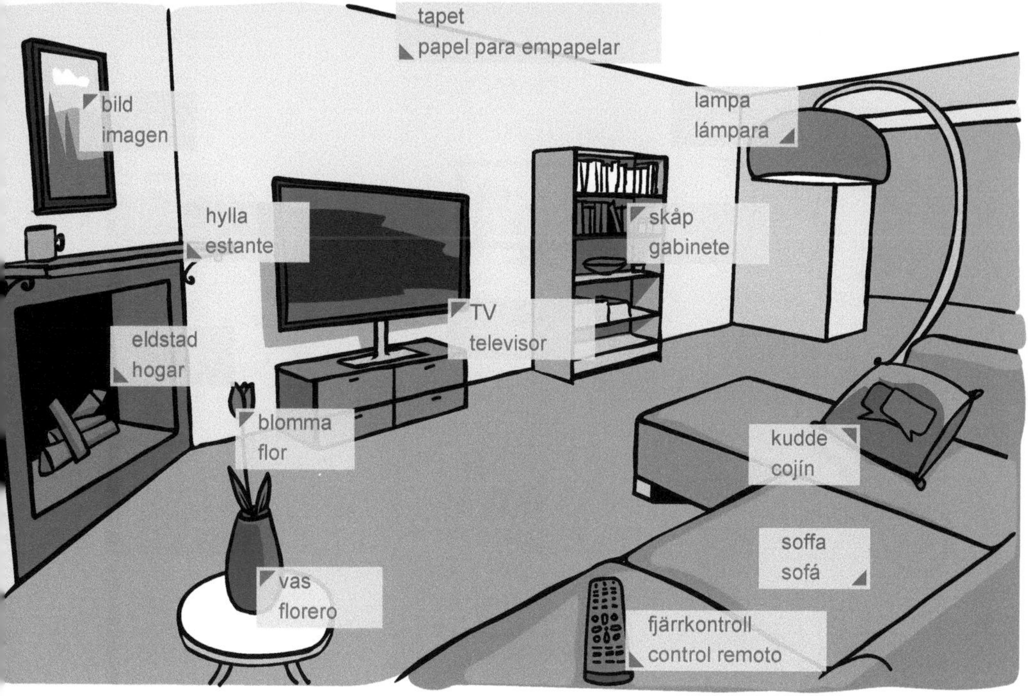

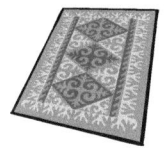

matta
alfombra

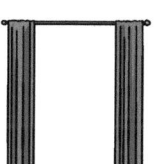

gardin
cortina

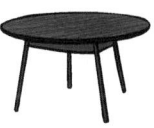

bord
mesa

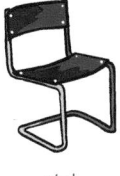

stol
silla

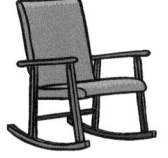

gungstol
mecedora

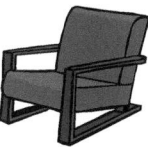

fåtölj
sillón

bok

libro

filt

frazada

dekoration

decoración

vedträ

leña

film

film

stereoanläggning

equipo estereofónico

nyckel

llave

dagstidning

periódico

målning

cuadro

poster

póster

radio

radio

anteckningsbok

bloc de notas

dammsugare

aspiradora

kaktus

cactus

stearinljus

vela

kök
cocina

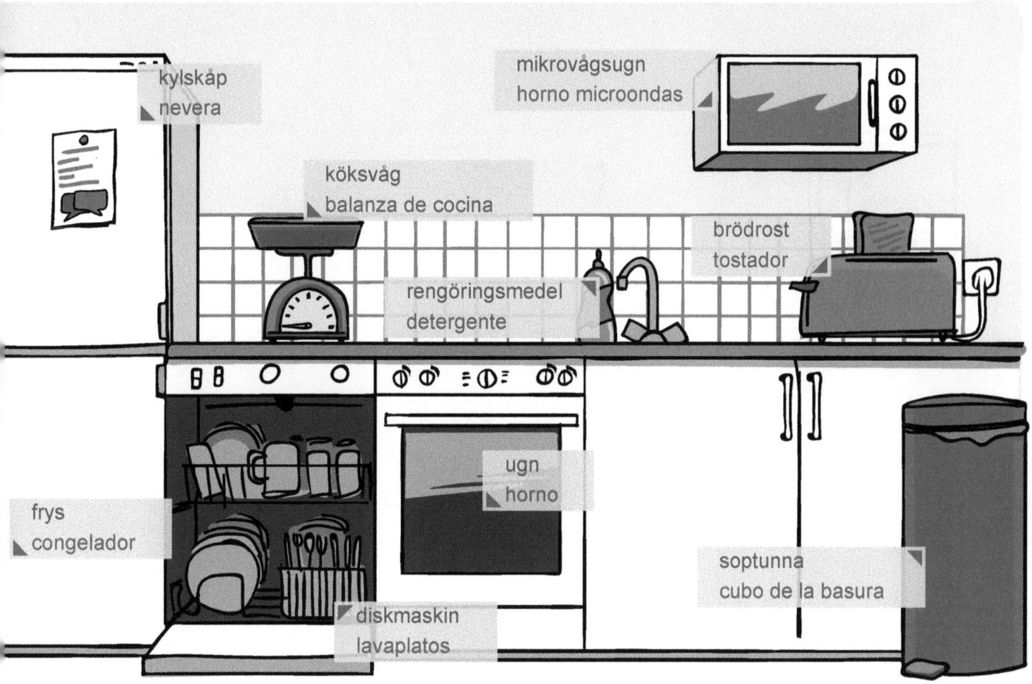

kylskåp
nevera
mikrovågsugn
horno microondas
köksvåg
balanza de cocina
brödrost
tostador
rengöringsmedel
detergente
ugn
horno
frys
congelador
soptunna
cubo de la basura
diskmaskin
lavaplatos

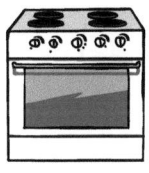

spis

cocina

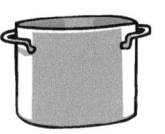

kastrull

olla

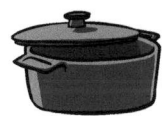

järngryta

olla de fundición de hierro

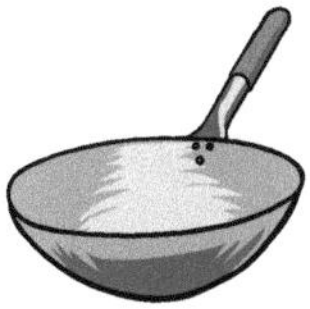

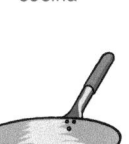

wok / kadai

wok / kadai

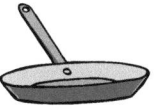

stekpanna

sartén

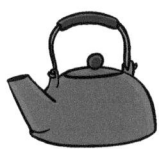

vattenkokare

hervidor de agua

ångkokare

olla de vapor

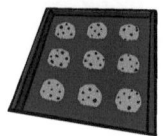

bakplåt

bandeja de horno

porslin

vajilla

mugg

vaso

skål

bol

ätpinnar

palillos para comer

soppslev

cucharón de sopa

stekspade

espátula

visp

batidor

durkslag

colador

sil

cedazo

rivjärn

rallador

mortel

mortero

grill

parrillada

brasa

fogata

kök - cocina

skärbräda

tabla de picar

kavel

rodillo

korkskruv

sacacorchos

burk

lata

burköppnare

abrelatas

grytlapp

agarrador

vask

fregadero

borste

cepillo

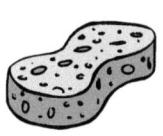

svamp

esponja

mixer

batidora

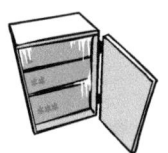

frys

arcón congelador

nappflaska

biberón

kran

grifo

kök - cocina

badrum
cuarto de baño

värme
calefacción
dusch
ducha
handduk
toalla
duschdraperi
cortina para ducha
bubbelbad
baño de espuma
badkar
bañera
glas
vaso
tvättmaskin
lavadora
kran
grifo
kakel
baldosa
potta
orinal
vask
fregadero

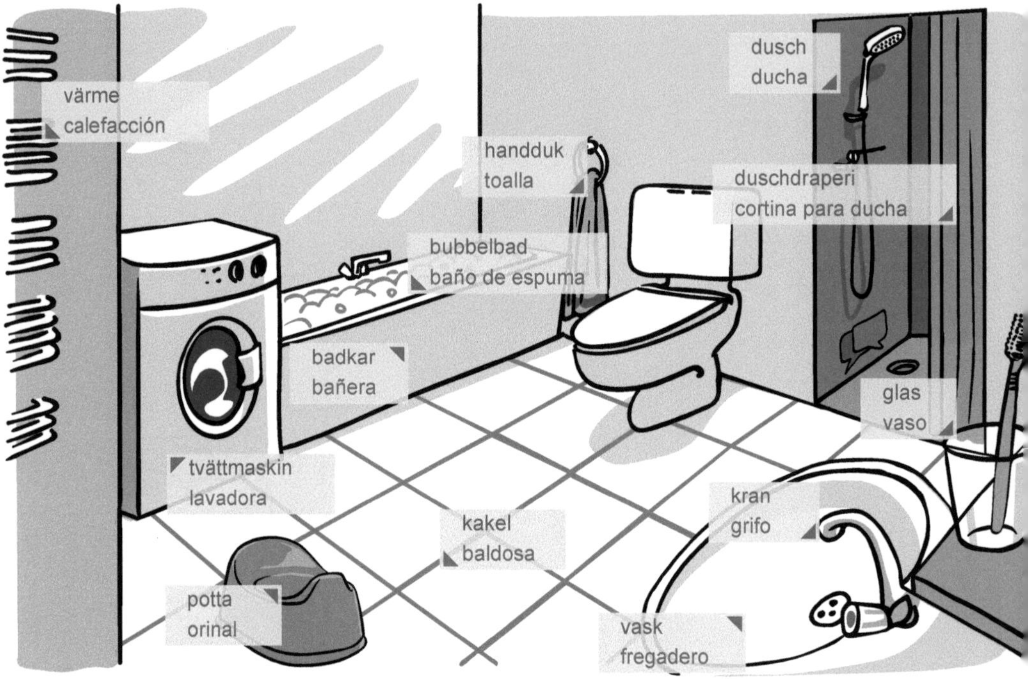

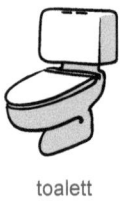

toalett

cuarto de baño

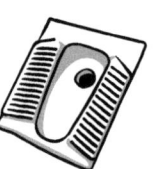

låg toalett

placa turca

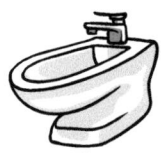

bidet

bidé

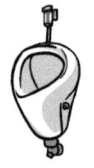

pissoar

urinario

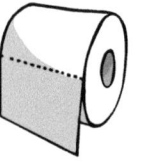

toalettpapper

papel higiénico

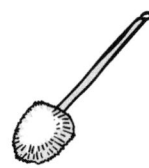

toalettborste

escobilla para el cuarto de baño

tandborste

cepillo de dientes

tandkräm

pasta dentífrica

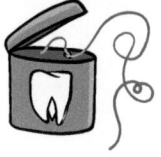

tandtråd

seda dental

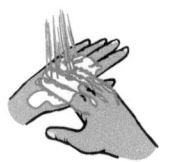

tvätta

lavar

handdusch

ducha teléfono

intimdusch

ducha higiénica

handfat

cuenco

ryggborste

cepillo para la espalda

tvål

jabón

duschgel

gel de ducha

schampo

champú

trasa

manopla para baño

avlopp

desagüe

crème

crema

deodorant

desodorante

spegel

espejo

handspegel

espejo de maquillaje

rakhyvel

máquina de afeitar

raklödder

espuma de afeitar

rakvatten

loción para después del
afeitado

kam

peine

borste

cepillo

hårtork

secador para cabello

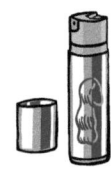

hårspray

laca de peinado

smink

maquillaje

läppstift

lápiz labial

nagellack

laca para uñas

bomullsvadd

algodón

nagelsax

tijera para uñas

parfym

perfume

necessär
....
neceser

pall
....
taburete

våg
....
balanza

badrock
....
bata de baño

gummihandskar
....
guantes de goma

tampong
....
tampón

binda
....
compresa

kemisk toalett
....
wáter químico

barnrum
cuarto de los niños

väckarklocka
despertador
gosedjur
animal de peluche
leksaksbil
auto de juguete
skallra
sonajero
dockhus
casa de muñecas
present
obsequio

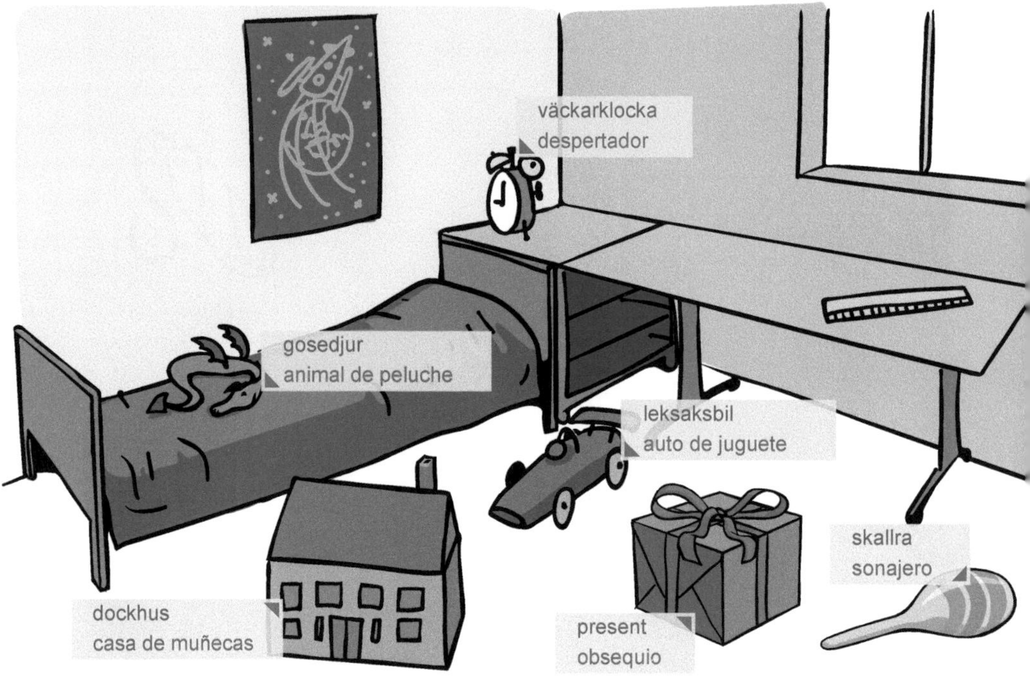

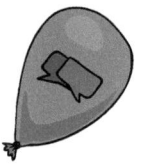

ballong
globo

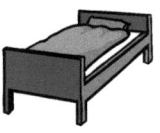

säng
cama

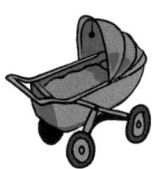

barnvagn
cochecito para niños

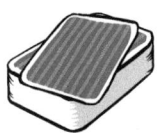

kortlek
juego de barajas

pussel
rompecabezas

SUPER MEGA

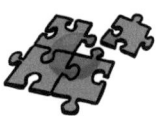

serietidning
cómic

legobitar

piezas de Lego

klossar

bloques para jugar

actionfigur

figura de acción

sparkdräkt

pijama de una pieza

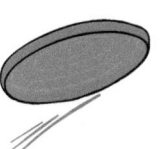

frisbee

frisbee

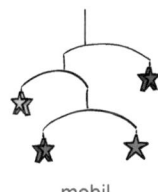

mobil

móvil

brädspel

juego de mesa

tärning

dado

modelljärnväg

tren eléctrico a escala

napp

chupete

party

fiesta

bilderbok

libro de dibujos

boll

pelota

docka

títere

spela

jugar

sandlåda

arenero

gunga

columpio

leksaker

juguetes

spelkonsol

consola de videojuego

trehjuling

triciclo

nalle

osito de peluche

garderob

guardarropa

kläder

vestimenta

sockar

calcetines

strumpor

medias

tights

panti

halsduk
chal

bälte
cinturón

paraply
paraguas

t-shirt
camiseta

sneakers
deportivas

stövlar
botas

tofflor
zapatilla

sandaler	skor	gummistövlar
sandalias	zapatos	botas de goma
underbyxor	BH	linne
ropa interior	corpiño	camiseta

body

body

byxor

pantalón

jeans

jeans

kjol

falda

blus

blusa

skjorta

camisa

pullover

pullover

sweater

sweater

blazer

blazer

jacka

chaqueta

kappa

abrigo

regnjacka

impermeable

dräkt

traje chaqueta

klänning

vestido

bröllopsklänning

vestido de bodas

kostym

traje

nattlinne

camisón

pyjamas

pijama

sari

sari

slöja

pañuelo de cabeza

turban

turbante

burka

burka

kaftan

caftán

abaya

abaya

baddräkt

traje de baño

badbyxor

bañador

shorts

shorts

träningsoverall

chándal

förkläde

delantal

handskar

guante

knapp

botón

glasögon

gafa

armband

brazalete

halsband

cadena

ring

anillo

örhänge

aro

mössa

gorra

galge

percha

hatt

sombrero

slips

corbata

dragkedja

cierre a cremallera

hjälm

casco

hängslen

tiradores

skoluniform

uniforme escolar

uniform

uniforme

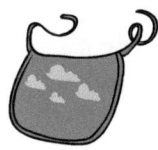

haklapp

babero

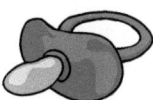

napp

chupete

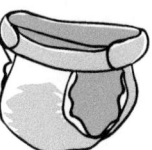

blöja

pañal

kontor
oficina

server
servidor
dokumentskåp
archivador
papper
papel
skrivare
impresora
bildskärm
monitor
mus
ratón
skrivbord
escritorio
mapp
carpeta
tangentbord
teclado
papperskorg
cesto de papeles
dator
ordenador
stol
silla

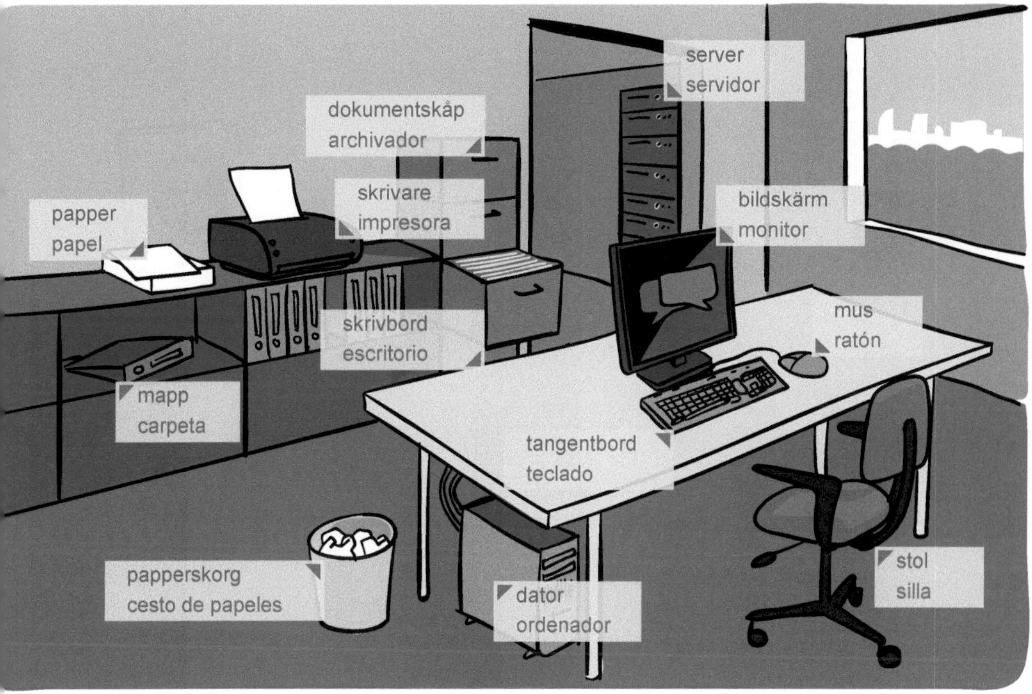

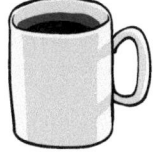

kaffemugg

taza de café

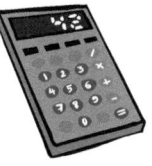

miniräknare

calculadora

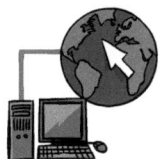

internet

internet

bärbar dator

laptop

brev

carta

meddelande

mensaje

mobiltelefon

teléfono móvil

nätverk

red

kopieringsapparat

fotocopiadora

programvara

software

telefon

teléfono

vägguttag

tomacorriente

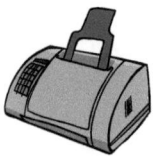

fax

máquina de fax

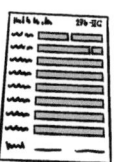

blankett

formulario

dokument

documento

köpa

comprar

betala

pagar

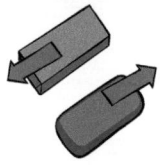

handla

comerciar

pengar

dinero

dollar

dólar

euro

euro

yen

yen

rubel

rublo

schweizisk franc

franco

renminbi yan

renminbi

rupie

rupia

bankomat

cajero automático

växelkontor

casa de cambio

guld

oro

silver

plata

olja

petróleo

energi

energía

pris

precio

kontrakt

contrato

skatt

impuesto

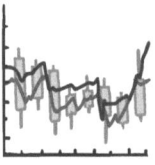

aktie

acción

arbeta

trabajar

anställd

empleado

arbetsgivare

empleador

fabrik

fábrica

affär

negocio

yrken
ocupaciones

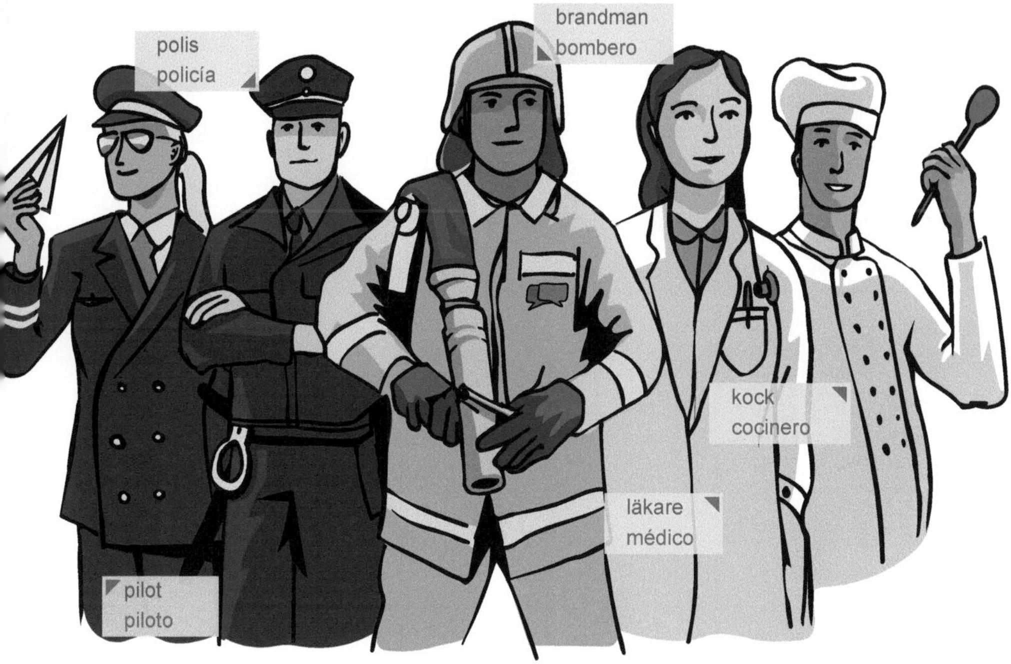
polis
policía
brandman
bombero
kock
cocinero
läkare
médico
pilot
piloto

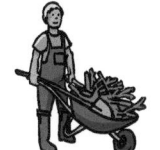

trädgårdsmästare

jardinero

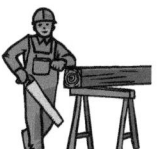

snickare

carpintero

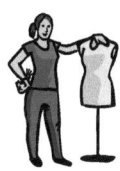

sömmerska

costurera

domare

juez

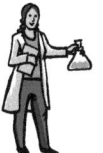

kemist

químico

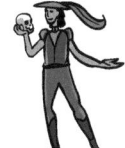

skådespelare

actor

busschaufför

conductor de autobús

taxichaufför

taxista

fiskare

pescador

städerska

mujer de la limpieza

takläggare

techista

servitör

camarero

jägare

cazador

målare

pintor

bagare

panadero

elektriker

electricista

byggarbetare

albañil

ingenjör

ingeniero

slaktare

carnicero

rörmokare

fontanero

brevbärare

cartero

soldat

soldado

arkitekt

arquitecto

kassör

cajero

florist

florista

frisör

peluquero

konduktör

cobrador

mekaniker

mecánico

kapten

capitán

tandläkare

odontólogo

vetenskapsman

científico

rabbin

rabino

imam

imam

munk

monje

präst

párroco

verktyg
herramientas

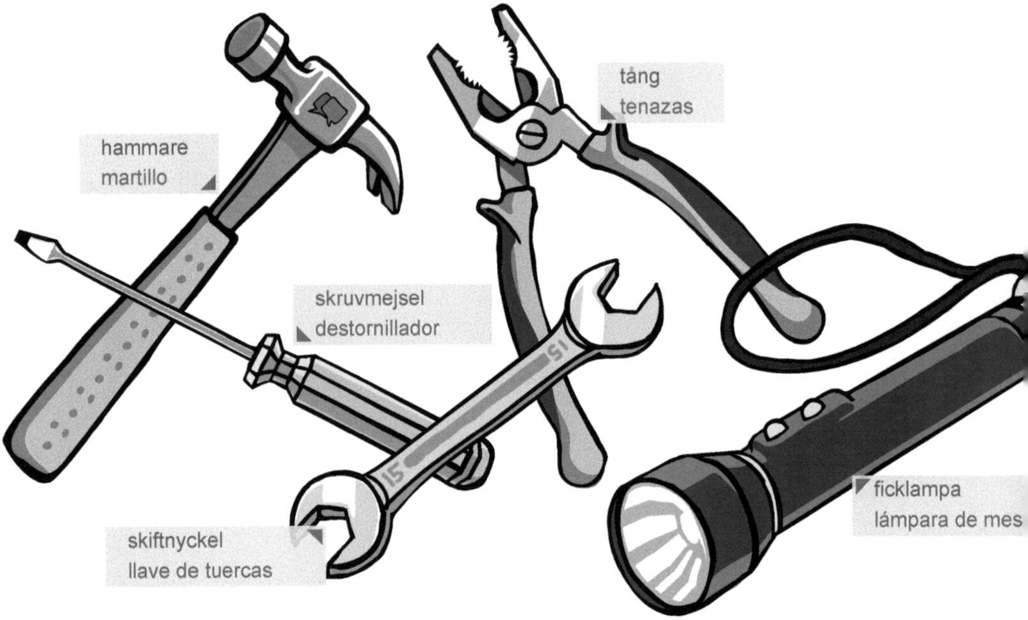
tång
tenazas
hammare
martillo
skruvmejsel
destornillador
ficklampa
lámpara de mes
skiftnyckel
llave de tuercas

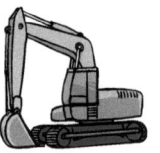

grävmaskin
excavadora

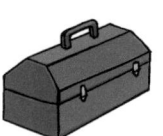

verktygslåda
caja de herramientas

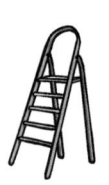

stege
escalerilla

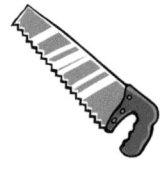

såg
serrucho

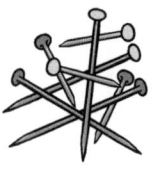

spik
clavos

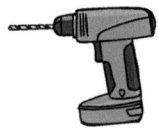

borr
taladro

reparera
reparar

spade
pala

Helvete!
¡Maldición!

sopskyffel
recogedor

färgburk
lata de pintura

skruvar
tornillos

musikinstrument
instrumentos musicales

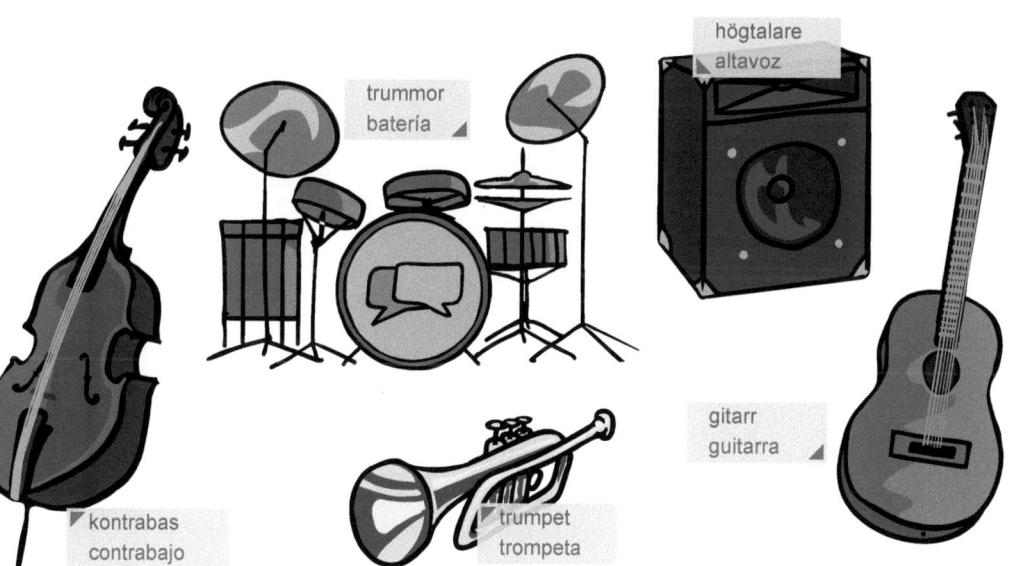

högtalare
altavoz

trummor
batería

gitarr
guitarra

kontrabas
contrabajo

trumpet
trompeta

piano

piano

violin

violín

bas

bajo

timpani

timbales

trumma

tambor

keyboard

teclado

saxofon

saxofón

flöjt

flauta

mikrofon

micrófono

zoo

zoológico

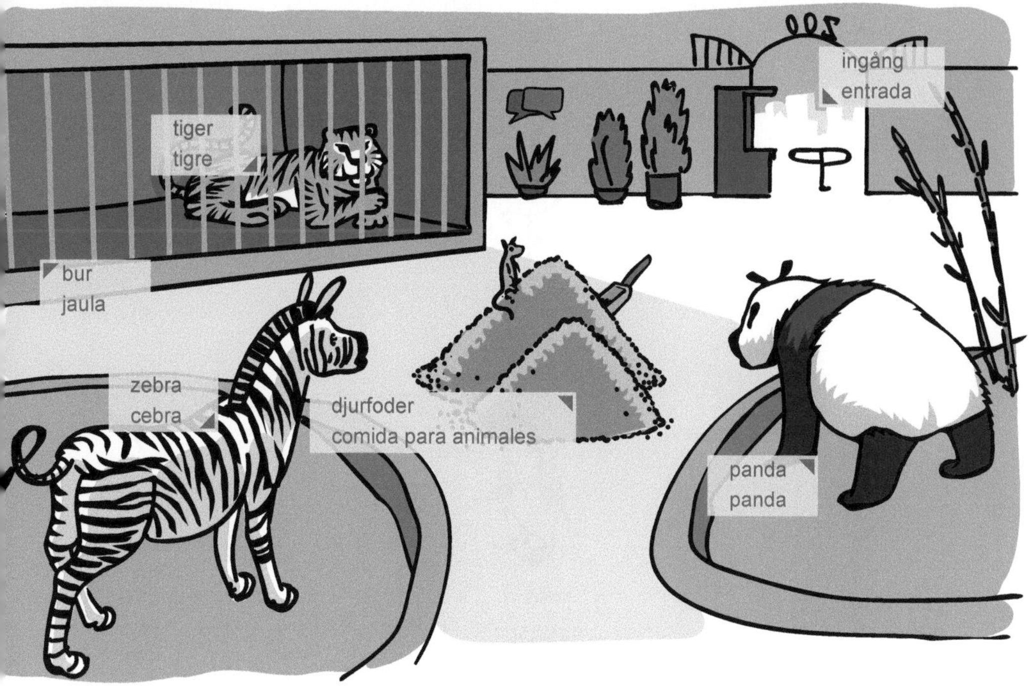
ingång
entrada
tiger
tigre
bur
jaula
zebra
cebra
djurfoder
comida para animales
panda
panda

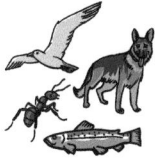

djur

animales

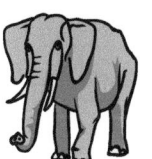

elefant

elefante

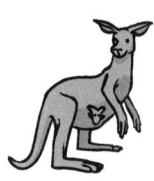

känguru

canguro

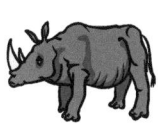

noshörning

rinoceronte

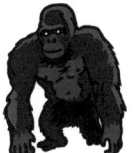

gorilla

gorila

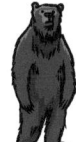

björn

oso

kamel

camello

struts

avestruz

lejon

león

apa

mono

flamingo

flamengo

papegoja

papagayo

isbjörn

oso polar

pingvin

pingüino

haj

tiburón

påfågel

pavo real

orm

serpiente

krokodil

cocodrilo

djurskötare

cuidador del zoológico

säl

foca

jaguar

jaguar

ponny

pony

leopard

leopardo

flodhäst

hipopótamo

giraff

jirafa

örn

águila

vildsvin

jabalí

fisk

pescado

sköldpadda

tortuga

valross

morsa

räv

zorro

gazell

gacela

amerikansk fotboll
fútbol americano

cykling
ciclismo

tennis
tenis

basket
baloncesto

simning
natación

boxning
boxeo

ishockey
hockey sobre hielo

fotboll
fútbol

badminton
badminton

friidrott
atletismo

handboll
balonmano

skidåkning
esquí

polo
polo

aktiviteter
actividades

skratta
reír
hoppa
saltar
krama
abrazar
gå
caminar
sjunga
cantar
drömma
soñar
be
rezar
kyssa
besar

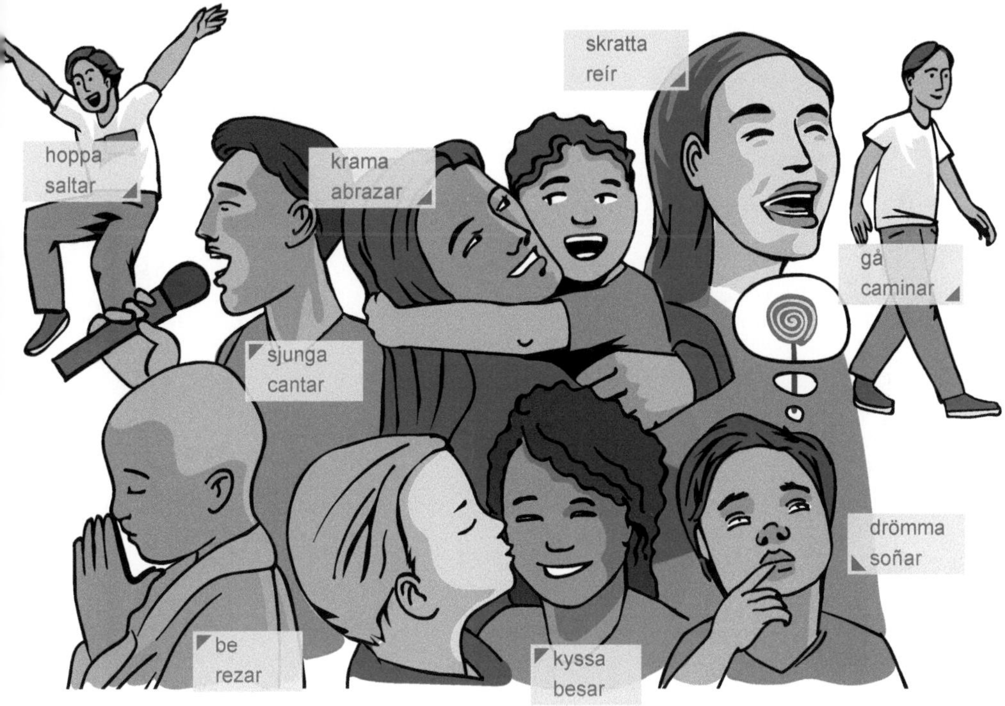

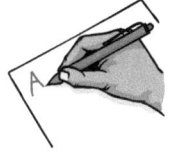

skriva

escribir

rita

dibujar

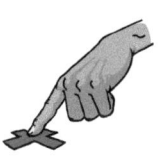

visa

mostrar

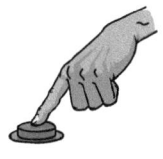

skjuta

presionar

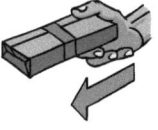

ge

dar

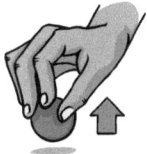

ta

tomar

hagel

tener

göra

hacer

vara

ser

stå

estar de pie

springa

correr

dra

tirar

kasta

arrojar

falla

caer

ligga

estar acostado

vänta

esperar

bära

llevar

sitta

estar sentado

klä på

vestirse

sova

dormir

vakna

despertar

se på
mirar

gråta
llorar

smeka
acariciar

kamma
peinarse

prata
conversar

förstå
entender

fråga
preguntar

höra
oír

dricka
beber

äta
comer

städa
asear

älska
amar

laga mat
cocinar

köra
conducir

flyga
volar

segla

navegar

räkna

calcular

läsa

leer

lära sig

aprender

arbeta

trabajar

gifta sig

casarse

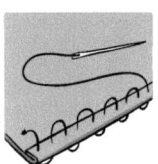

sy

coser

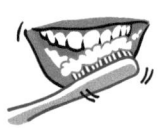

borsta tänderna

limpiarse los dientes

döda

matar

röka

fumar

skicka

enviar

normor/farmor
abuela

morfar/farfar
abuelo

pappa
padre

mamma
madre

baby
bebé

dotter
hija

son
hijo

gäst
invitado

moster/faster
tía

farbror/morbror
tío

bror
hermano

syster
hermana

kropp
cuerpo

panna
frente
öga
ojo
skuldra
hombro
finger
dedo
ansikte
cara
haka
barbilla
hand
mano
ben
pierna
bröst
pecho
arm
brazo

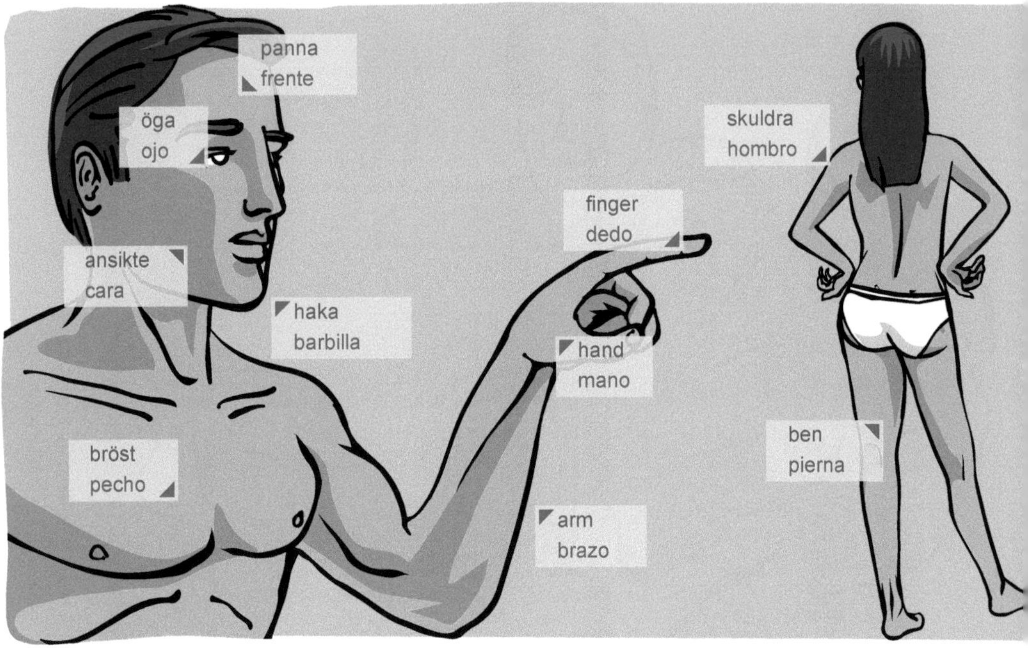

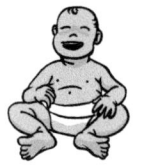

baby
bebé

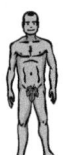

man
hombre

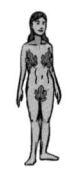

kvinna
mujer

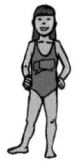

flicka
muchacha

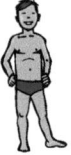

pojke
joven

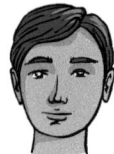

huvud
cabeza

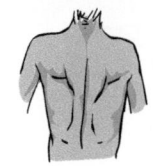

rygg

espalda

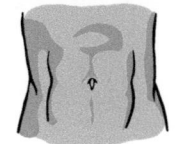

mage

vientre

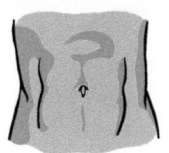

navel

ombligo

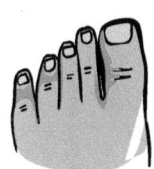

tå

dedo del pie

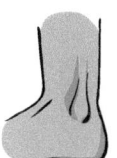

häl

talón

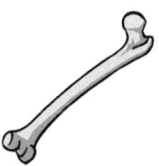

ben

hueso

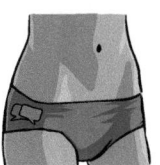

höft

cadera

knä

rodilla

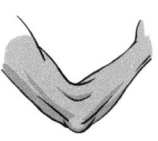

armbåge

codo

näsa

nariz

stjärt

trasero

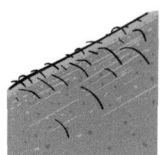

hud

piel

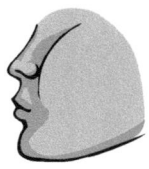

kind

mejilla

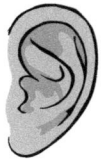

öra

oreja

läpp

labio

mun

boca

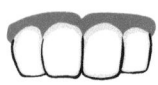

tand

diente

tunga

lengua

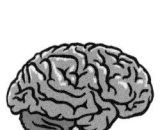

hjärna

cerebro

hjärta

corazón

muskel

músculo

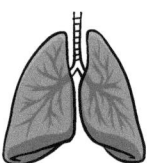

lunga

pulmón

lever

hígado

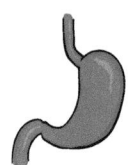

magsäck

estómago

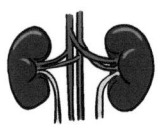

njurar

riñones

sex

relación sexual

kondom

condón

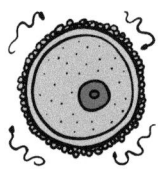

äggcell

Óvulo

sperma

esperma

graviditet

embarazo

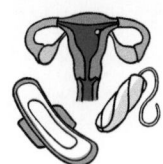

menstruation

menstruación

vagina

vagina

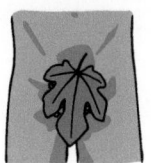

penis

pene

ögonbryn

ceja

hår

cabello

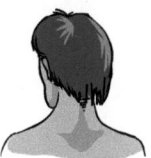

nacke

cuello

sjukhus
hospital

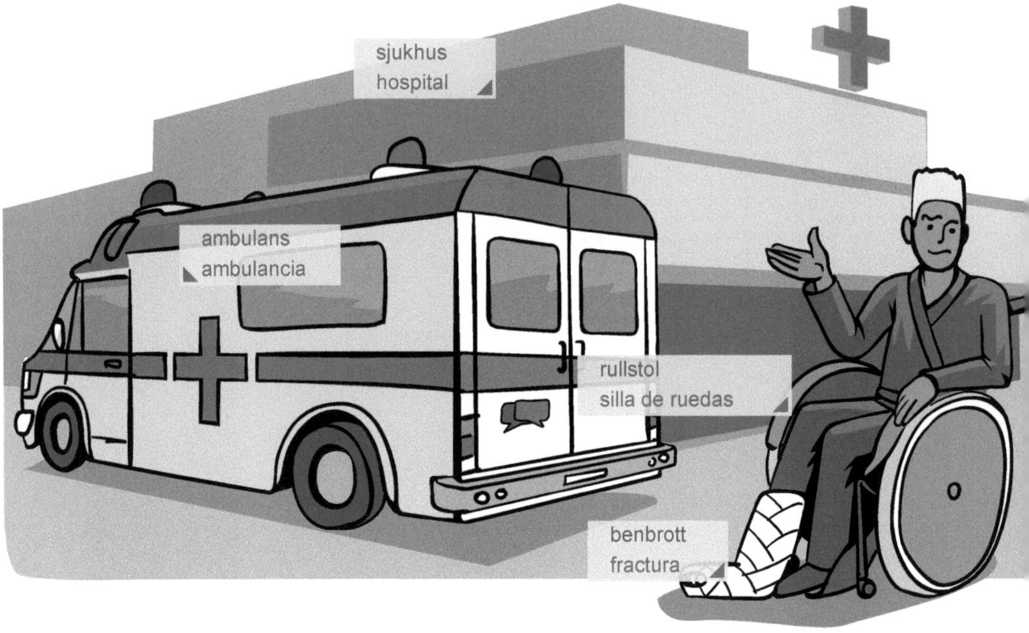

sjukhus
hospital
ambulans
ambulancia
rullstol
silla de ruedas
benbrott
fractura

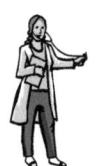

läkare

médico

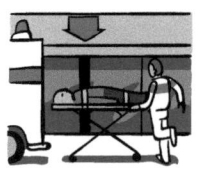

akutmottagning

admisión de urgencia

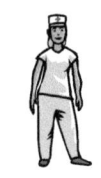

sjuksköterska

enfermera

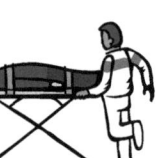

nödsituation

emergencia

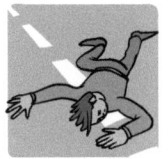

medvetslös

inconsciente

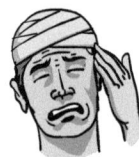

smärta

dolor

skada

lesión

blödning

hemorragia

hjärtattack

infarto de miocardio

slaganfall

apoplejía cerebral

allergi

alergia

hosta

tos

feber

fiebre

influensa

gripe

diarré

diarrea

huvudvärk

dolor de cabeza

cancer

cáncer

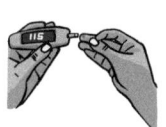

diabetes

diabetes

kirurg

cirujano

skalpell

escalpelo

operation

operación

CT
TC

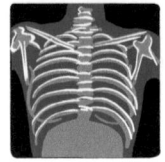

röntgen
rayos X

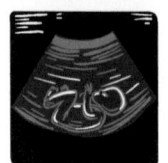

ultraljud
ultrasonido

ansiktsmask
máscara

sjukdom
enfermedad

väntsal
sala de espera

krycka
muleta

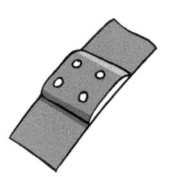

plåster
emplasto

bandage
vendaje

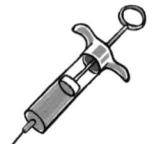

injektion
inyección

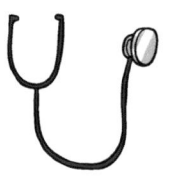

stetoskop
estetoscopio

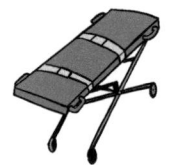

bår
camilla

termometer
termómetro

födsel
nacimiento

övervikt
sobrepeso

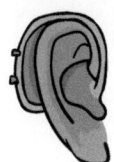

hörapparat

audífono

desinfektionsmedel

desinfectante

infektion

infección

virus

virus

HIV / AIDS

VIH / SIDA

medicin

medicina

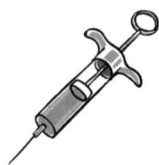

vaccination

vacunación

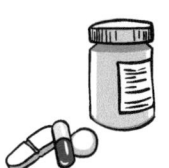

tabletter

comprimido

p-piller

píldora anticonceptiva

nödsamtal

llamada de emergencia

blodtrycksmätare

medidor de presión arterial

sjuk / frisk

enfermo / saludable

Hjälp!

¡Ayuda!

alarm

alarma

överfall

asalto

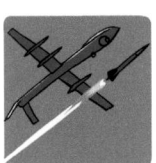

misshandel

ataque

fara

peligro

nödutgång

salida de emergencia

Det brinner!

¡Fuego!

brandsläckare

extintor

olycka

accidente

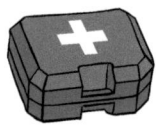

förbandslåda

kit de primeros auxilios

SOS

SOS

polis

Policía

Europa

Europa

Nordamerika

América del Norte

Sydamerika

América del Sur

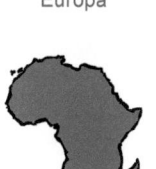

Afrika

África

Asien

Asia

Australien

Australia

Atlanten

Atlántico

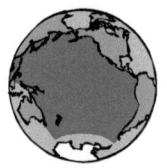

Stilla Havet

Pacífico

Indiska Oceanen

Océano Índico

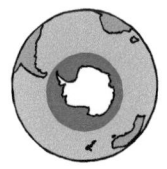

Antarktiska Oceanen

Océano Antártico

Arktiska Oceanen

Océano Ártico

Nordpol

Polo Norte

Sydpol

Polo Sur

Antarktis

Antártida

Jorden

Tierra

land

país

hav

mar

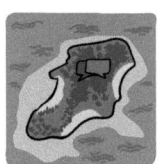

ö

isla

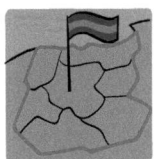

nation

nación

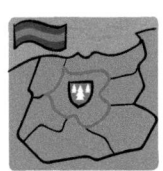

stat

Estado

urtavla

cuadrante

timvisare

horario

minutvisare

minutero

sekundvisare

segundero

Vad är klockan?

¿Qué hora es?

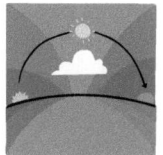

dag

día

tid

tiempo

nu

ahora

digital klocka

reloj digital

minut

minuto

timme

hora

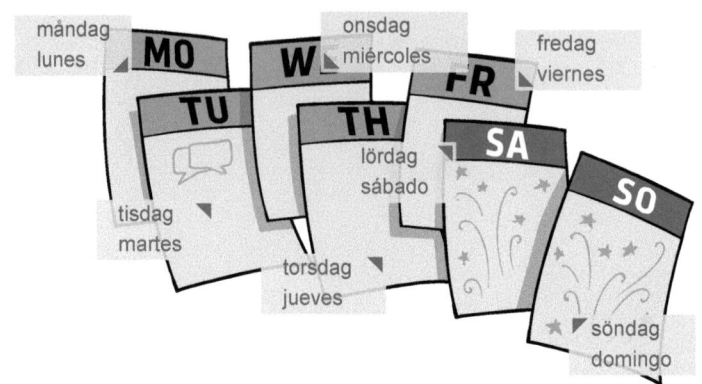

måndag / lunes
onsdag / miércoles
fredag / viernes
tisdag / martes
torsdag / jueves
lördag / sábado
söndag / domingo

igår
ayer

idag
hoy

imorgon
mañana

morgon
mañana

middag
mediodía

kväll
tarde

vardagar
jornada de trabajo

helg
fin de semana

år
año

regn
lluvia
regnbåge
arco iris
snö
nieve
vind
viento
vår
primavera
höst
otoño
sommar
verano
vinter
invierno

4.APRIL 11°
5.APRIL 4°
6.APRIL 13°
7.APRIL 8°
8.APRIL 10°

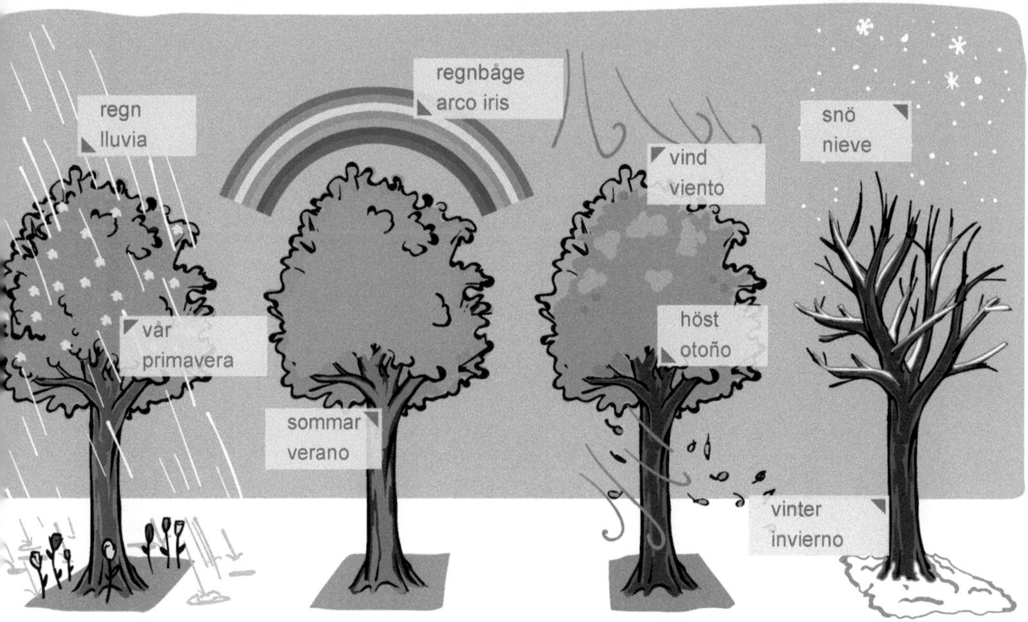

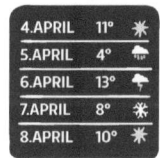

väderprognos

pronóstico meteorológico

F C
120 40
90 30
60 20
30 10
0 0
-30 -10
-20

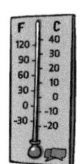

termometer

termómetro

solsken

luz solar

moln

nube

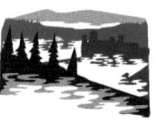

dimma

niebla

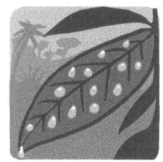

luftfuktighet

humedad ambiente

blixt

relámpago

åska

trueno

storm

tormenta

hagel

granizo

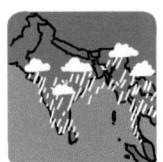

monsun

monzón

översvämning

inundación

is

hielo

januari

enero

februari

febrero

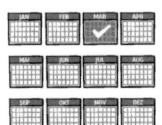

mars

marzo

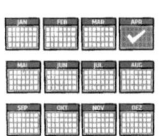

april

abril

maj

mayo

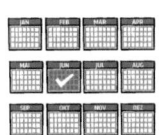

juni

junio

juli

julio

augusti

agosto

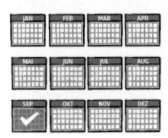

september
....
septiembre

oktober
....
octubre

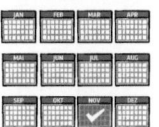

november
....
noviembre

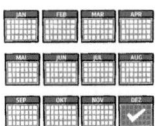

december
....
diciembre

former
formas

cirkel
....
círculo

kvadrat
....
cuadrado

rektangel
....
rectángulo

triangel
....
triángulo

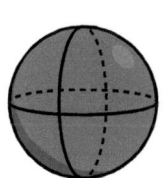

sfär
....
esfera

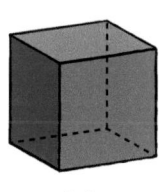

kub
....
cubo

färger
colores

vit
....
blanco

gul
....
amarillo

orange
....
anaranjado

rosa
....
rosa

röd
....
rojo

lila
....
lila

blå
....
azul

grön
....
verde

brun
....
marrón

grå
....
gris

svart
....
negro

mycket / lite
mucho / poco

arg / lugn
enojado / calmado

vacker / ful
bonito / feo

början / slut
comienzo / fin

stor / liten
grande / pequeño

ljus / mörk
claro / oscuro

bror / syster
hermano / hermana

ren / smutsig
limpio / sucio

komplett / ofullständig
completo / incompleto

dag / natt
día / noche

död / levande
muerto / vivo

bred / smal
ancho / angosto

ätlig / oätlig

disfrutable / no disfrutable

ond / god

malo / amigable

upphetsad / uttråkad

excitado / aburrido

tjock / smal

gordo / delgado

först / sist

primero / último

vän / fiende

amigo / enemigo

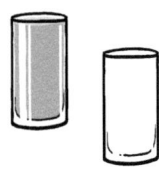

full / tom

lleno / vacío

hård / mjuk

duro / suave

tung / lätt

pesado / liviano

hunger / törst

hambre / sed

sjuk / frisk

enfermo / saludable

olaglig / laglig

ilegal / legal

intelligent / dum

inteligente / tonto

vänster / höger

izquierda / derecha

nära / långt bort

cercano / lejano

ny / begagnad

nuevo / usado

inget / något

nada / algo

gammal / ung

viejo / joven

på / av

encendido / apagado

öppen / stängd

abierto / cerrado

tyst / högljudd

bajo / fuerte

rik / fattig

rico / pobre

rätt / fel

correcto / incorrecto

grov / slät

áspero / liso

ledsen / glad

triste / alegre

kort / lång

breve / extenso

långsam / snabb

lento / veloz

våt / torr

mojado / seco

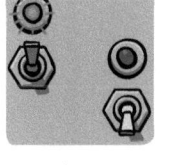

varm / sval

caliente / frío

krig / fred

guerra / paz

0

noll
cero

1

ett
uno

2

två
dos

3

tre
tres

4

fyra
cuatro

5

fem
cinco

6

sex
seis

7

sju
siete

8

åtta
ocho

9

nio
nueve

10

tio
diez

11

elva
once

12

tolv

doce

13

tretton

trece

14

fjorton

catorce

15

femton

quince

16

sexton

dieciséis

17

sjutton

diecisiete

18

arton

dieciocho

19

nitton

diecinueve

20

tjugo

veinte

100

hundra

cien

1.000

tusen

mil

1.000.000

miljon

millón

engelska

inglés

amerikansk engelska

inglés estadounidense

kinesisk mandarin

chino mandarín

hindi

hindi

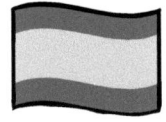

spanska

español

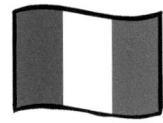

franska

francés

arabiska

árabe

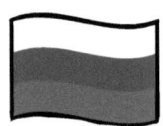

ryska

ruso

portugisiska

portugués

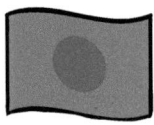

bengali

bengalí

tyska

alemán

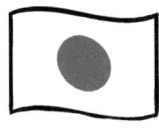

japanska

japonés

jag

yo

du

tú

han / hon / den (det)

él / ella

vi

nosotros

ni

vosotros

de

ellos

vem?

¿quién?

vad?

¿qué?

hur?

¿cómo?

var?

¿dónde?

när?

¿cuándo?

namn

nombre

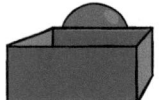

bakom

detrás

i

en

framför

delante de

över

encima de

på

sobre

under

debajo de

bredvid

junto a

mellan

entre

plats

lugar